DECLARATION

DV ROY, SVR LE COMMERCE ET TRAFFIC DES Subiects de sa Majesté, és pays & terres de l'obeissance du Roy d'Espagne, & des Archiducs de Flandres.

A PARIS,

Chez PIERRE L'HVILLIER, Imprimeur & Libraire ordinaire du Roy, au mont S. Hilaire à la Court d'Albret.

M. DCIIII.

Auec priuilege de sa Maiesté.

DECLARATION DV

Roy, *sur le commerce & traffic des Subiects de sa Majesté, és pays & terres de l'obeissance du Roy d'Espagne, & des Archiducs de Flandres.*

ENRY par la grace de Dieu Roy de France & de Nauarre. A tous ceux qui ces presentes lettres verront salut. Apres que le Placart publié au mois de Feurier & d'Auril de l'annee derniere de la part de nos tres-chers freres le Roy d'Espagne & les Archiducs de

A ij

Flandres touchant le fait du có-
merce fut venu à noſtre cognoiſ-
ſance, ne pouuant nous perſua-
der que l'on vouluſt aſſubietir
nos ſubiets à l'obſeruation d'ice-
lui, d'autát que c'eſtoit couuerte-
mét leur interdire le commerce
aux pays de nos dicts freres, nous
laiſſames couler quelque temps
durant lequel nous commandaſ-
mes à nos Ambaſſadeurs reſidás
aupresde noſdits freresde s'en eſ-
claircir auec eux & no⁹ en rendre
certains:& ayans ſçeu tant par les
reſponſes faites à noſdits ambaſſadeurs que par les contraintes
deſquelles ló a vſé depuis enuers
noſdits ſubiets, pour leur faire
payer l'impoſition de tréte pour
cent & les aſſubiectir aux condi-
cions & rigueurs ordonnees par
ledict placart qu'ils entendoient

y cóprendre nofdits fuiets, nous
prifmes refolution d'ordonner
pour garder quelque equalité au
maniment & entrecours du commerce entre nofdits fuiets & ceux
de nofdits freres, par nos letres de
declaration du mois de Nouem-
bre enfuiuant, que les marchandifes mentionnees par icelles venans des ROYAVMES & pays dudit
ROY d'Efpagne & de ceux qui
obeiffent aufdits Archiducs en
ceftuy noftre royaume cóme celles qui feroient tirees & tranfpor-
tees d'iceluy aufdits pays, paye-
roient la mefme impofition de
trente pour cent qu'ils faifoient
leuer fur nofdits fubiets en vertu
dudit placart, mais depuis no⁹ a-
uons recognu que lefdites leuees
cótinuát de part & d'autre ruynét
& detruifent entieremét nofdits

fuiets qui trafiquét aufdits pays
tant pour la grauité infuportable
defdites impofitions & les rigueurs & fubiections auec lef-
quelles elles s'exigent qu'à caufe
des abus & fraudes qui fe com-
mettét en la perception & prati-
que d'icelles au lieu que noftre
intention eftoit faifant ladite declaration, non de fur-charger nofdits fubiets ny les autres du re-
doublement de ladite impofition de trente pour cent , mais
pluftoft induire nofdits freres par
la confideration commune du
bien & foulagement de nofdits
royaumes pays & fubiets, à les de-
charger enfemble du faix de l'vn
& de l'autre, & en ce faifant refti-
tuer & rendre ledit commerce
en nofdits royaumes pays & fubiets auffi libre & floriffant qu'il

doit estre entre bons voisins, freres amis & alliez tels que nous sommes estant l'vn des principaux fruits de la paix que Dieu nous a donnee, laquelle nous entendons entretenir garder & obseruer sincerement & de bonne foy. Neantmoins voyans que l'on continue à leuer lesdites impositions aux pays de nosdits freres sans faire demonstration de vouloir les reuoquer ny regler, nous auons aduisé redimer nostredit royaume pays & subiets de la perte & vexation insupportable qu'ils en reçoiuét: au moyen dequoy apres auoir mis cest affaire en deliberation en nostre Cóseil d'estat où estoiét plusieurs Princes Seigneurs & autres grands & notables personnages de l'aduis d'iceluy & de nostre certaine

A iiij

sciéce, plaine puissance & aucto-
rité Royalle nous auons pour les
causes susdites, iusques à ce que
nosdits freres le Roy d'Espagne
& les Archiducs ayent deschargé
nosdits subiets du payement de
ladicte imposition de trente
pour cent : Deffendu & deffendons par ces presentes , à
tous nos dicts subiects de quelque estat, qualité & condition
qu'ils soyent de mener, condui-
re & transporter cy apres aux
pays de l'obeissance dudit Roy
d'Espagne & desdits Archiducs
de Flandres , soit par mer ou par
terre, aucunes marchádises quelles qu'elles soiét mesmes grains,
vins, bestiaux de toutes especes
ny autres sortes de denrees en
quelque maniere que ce soit.
Comme aussi nous deffendons

l'entree

l'entree en noftre dict Royaume
de toutes marchandifes venans
des lieux de l'obeiffance de nos
dits freres, à peine de confifca-
tion defdictes marchandifes &
des nauires, vaiffeaux, batteaux,
Chariots , cheuaux & charettes
qui en feront chargez , quelques
paffe-ports & permiffiós cótrai-
res à ces prefentes que nofdits fuiets & ceux de nofdits freres puif-
fent auoir de nous ou des Gou-
uerneurs & Lieutenás Generaulx
de nos Prouinces, Admiraux Vif-
admiraux ou autres lefquels paf-
feports & permiffions des à pre-
fent comme des lors, nous decla-
rons nuls, & deffendons d'y auoir
aucun efgard . Et afin que noftre
intention foit plus diligemmét,
exactement & mieux executee,
Nous permettons à tous ceux

qui feront aduertis de la contra-
uention qui fera faicte par nos
dicts fubiects & ceux de nos dits
freres au contenu de la prefente
declaration, de la venir denoncer
& reueller à nos Iuges & officiers
des lieux & voulons que le tiers
des confifcations qui nousferont
adiugees contre les delinquás &
tranfgreffeurs demeure &foit de-
liuré comme par ces prefentes
nous l'affectons&ordonnons aux
denonciateurs : voulans qu'ils
foient payez dudit tiers des pre-
miers deniers qui prouiendront
de la véte defdites marchandifes
nauires, batteaux vaiffeaux , chariots, cheuaux & charettes: dont
nous chargeons nofdits Iuges &
officiers leur commandant faire
fournir ledit tiers aufdits denonciateurs fans attendre furce autre

commandemét de nous & pour
le regard des subiets des autres
Princes, potentats, republiques
villes & communautez ils pour-
ront trafiquer en cesdits Royaumes tout ainsi qu'ils faisoient au-
parauant la publicatió de nostre
presente ordonnance, sans qu'il
leur soit donné aucun empesche-
ment, Mais d'autant qu'aucuns
abusans de ladite liberté au
mespris de nostre ordonnance
& au preiudice de nostre dit
Royaume pais & subiets pour-
roient en chargeant des marchandises en cedit Royaume les
faire apres transporter & condui-
re ausdits pays dudit Roy d'Espagne & desdits Archiducs de Flandres sous couleur de les porter
aux lieux où ils sont subiets qui
seroit entierement destruire l'ef-

fect de noftre prefente intétion:
Nous pour y remedier voulons
& entendons que tous eftrangers
fubiets defdits Princes potentats
& republiques aufquels nous laif-
fons par la prefente ordonnance
la liberté de trafiquer en noftre-
dit royaume baillant deuát qu'ils
fortent des lieux où ils auront
chargé les marchandifes qu'ils
auront acheptees & voudront
tranfporter, bonnes & fuffifantes
cautions pardeuant nos officiers
defdits lieux de raporter dedans
le temps qui leur fera pource pre-
fix & l'imité par nofdits officiers,
eu efgard à la diftance des lieux,
vne certification des officiers &
magiftrats desvilles & lieux où ils
pretendent porter lefdites marchandifes de la defcharge d'i-
celles aufdits lieux où ils les

voudront porter . Dauantage
nous voulós & entendons qu'où
il se verifieroit qu'apres la des-
cente desdites marchandises es-
dits lieux, l'on les eust apres re-
chargees & portees ausdits pays
obeyssans ausdits Roy d'Espagne
& Archiducs de Fládres, que lesdites cautions en demeurent res-
ponsables, & qu'il soit loisible à
nos Iuges & officiers d'agir contre icelles & leur posterité, & afin
qu'aucun ne se puisse excuser de
n'auoir esté aduerti du contenu
des presentes nous voulons & en-
tendós quelles soiét tenues pour
notifieesàtoutespersónesquinze
iours apres la publication d'icel-
lesparlesbailliages&senechausez
de nostre Royaume pour ce qui
est de la terre & par les officiers
del'Admirauté pour ce qui est des

B iij

ports de mer, aufquels baillifs &
feneſchaux & officiers de l'Admirauté & à chacun d'eux endroit
ſoy nous enioignons faire faire
ladite publication en toute dili-
gence &aux ſubſtitus de nosPro-
cureurs generauxd'i tenir lamain
à peine d'en reſpondre en leurs
propres &priuez noms. Si donós
en mâdement à tous les Gouuer-
neurs & Lieutenâts generaux en
noſdites Prouîces,Admiraux,Viſ-
admiraux,Baillis ou Seneſchaux,
Treſoriers deFrâce preuoſtsIuges
ou leurs lieutenants,Officiers de
l'Admirauté & de nos traittes Fo-
raines M^{res}. de nos ports & autres
nos iuſticiers & officiers qu'il ap-
partiédra &àchacū d'eux endroit
ſoy que le contenu en ceſdites
preſentes ils gardent & obſeruét
& facét garder & obſeruer inuio-

lablemét & sans l'enfraindre ces-
sans & faisant cesser tous troubles
& empeschemens au contrai-
re & tiennent la main à ce que
les denonciateurs de ceux qui
contreuiendront au contenu de
nosdites presentes ordonnances
soient principalement payez &
satisfaits de leurdit droit de tiers
de ladite confiscation pour leur
dóner courage & moyen de nous
seruir plus fidelemét & diligem-
ment sans y vser d'aucune lon-
gueur ou conniuence. Et par ce
que de ces presentes l'on pourra
auoir affaire en plusieurs & diuers
lieux nous voulós qu'au vidimus
d'icelles foy soit adioustée comme au present original. Car tel est
nostre plaisir, En tesmoin de quoy
nous auós fait mettre nostre seau
à cesdites presentes. Donné à

B iiij

Paris le 8. iour de Feurier l'an de grace mil six cens quatre, & de noſtre regne le XV. Signé HENRY, & contreſigné ſur le reply.

PAR LE ROY.

POTIER.

Et ſeellé à double queue du grand ſeau de cire iaune.

Collationné par moy.